Impressum
Verlag: BABADADA GmbH, Nedderfeld 112 , 22529 Hamburg
Geschäftsführer / Verlagsleitung: Harald Hof
Druck: Books on Demand GmbH, In de Tarpen 42, 22848 Norderstedt

Imprint
Publisher: BABADADA GmbH, Nedderfeld 112 , 22529 Hamburg, Germany
Managing Director / Publishing direction: Harald Hof
Print: Books on Demand GmbH, In de Tarpen 42, 22848 Norderstedt, Germany

Šola
mokykla

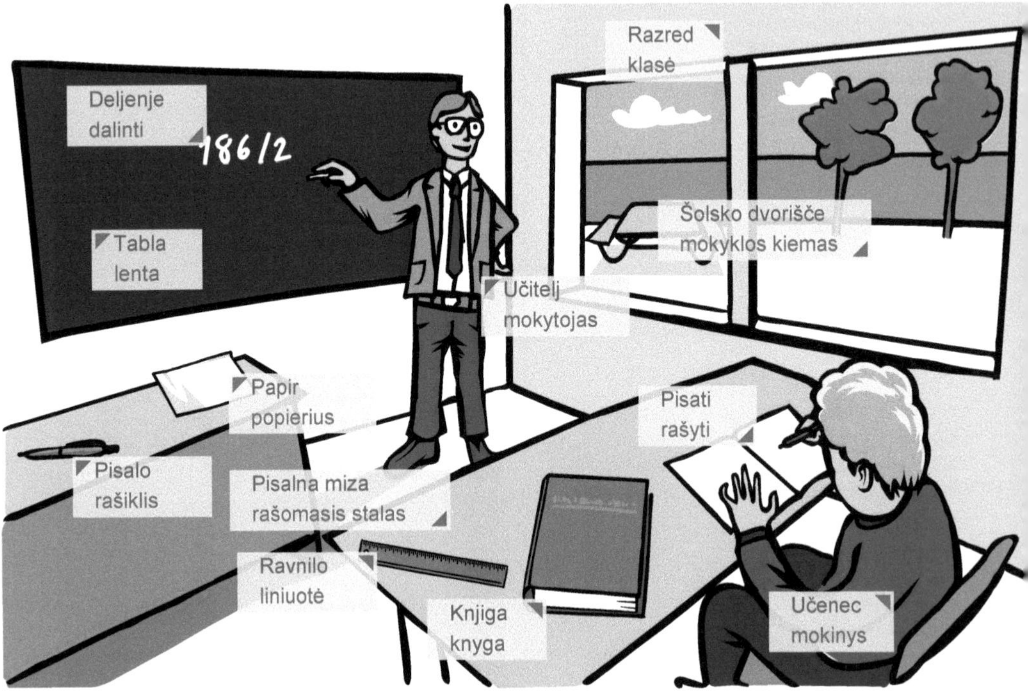

Razred
klasė
Deljenje
dalinti
186/2
Tabla
lenta
Šolsko dvorišče
mokyklos kiemas
Učitelj
mokytojas
Papir
popierius
Pisati
rašyti
Pisalo
rašiklis
Pisalna miza
rašomasis stalas
Ravnilo
liniuotė
Knjiga
knyga
Učenec
mokinys

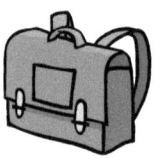

Šolska torba

kuprinė

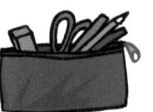

Peresnica

penalas

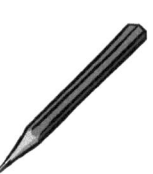

Svinčnik

pieštukas

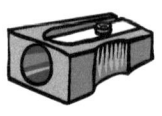

Šilček

drožtukas

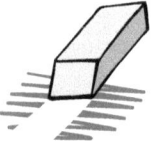

Radirka

trintukas

Risalni blok

piešimo bloknotas

Risba

piešinys

Čopič

teptukas

Vodene barvice

dažų dėžutė

Škarje

žirklės

Lepilo

klijai

Zvezek

vadovėlis

Domača naloga

namų darbai

Število

numeris

2+2

Seštevanje

pridėti

5-2

Odštevanje

atimti

2×2

Množenje

dauginti

Računanje

skaičiuoti

Črka

raidė

Abeceda

abėcėlė

Beseda

žodis

Besedilo

tekstas

Brati

skaityti

Kreda

kreida

Učna ura

pamoka

Redovalnica

dienynas

Preizkus znanja

egzaminas

Spričevalo

pažymėjimas

Šolska uniforma

mokyklinė uniforma

Izobrazba

išsilavinimas

Enciklopedija

enciklopedija

Univerza

universitetas

Mikroskop

mikroskopas

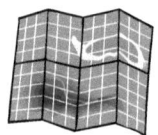

Zemljevid

žemėlapis

Koš za smeti

šiukšliadėžė

Potovanje
kelionė

Hotel
viešbutis
Grand
Hostel
svečių namai
ROOMS
Menjalnica
valiutos keitykla
EXCHANGE
Kovček
lagaminas
Avtomobil
mašina

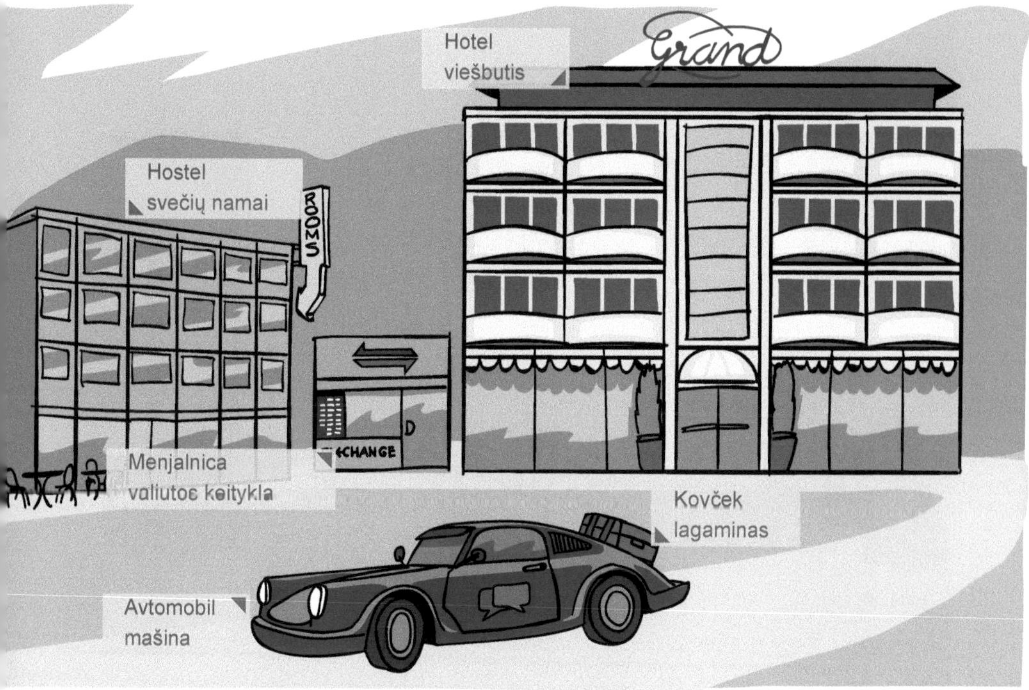

Jezik
kalba

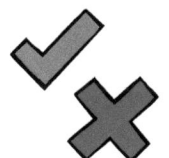

da / ne
taip / ne

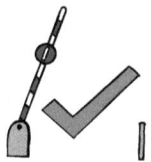

Prav
Gerai

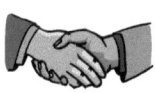

Pozdravljeni
sveiki

Prevajalec
vertėjas raštu

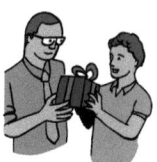

Hvala
Ačiū

Koliko stane...?

kiek kainuoja...?

Ne razumem

aš nesuprantu

Težava

problema

Dober večer!

Labas vakaras!

Dobro jutro!

Labas rytas!

Lahko noč!

Labos nakties!

Nasvidenje

viso gero

Smer

kryptis

Prtljaga

bagažas

Torba

krepšys

Nahrbtnik

kuprinė

Gost

svečias

Soba

kambarys

Spalna vreča

miegmaišis

Šotor

palapinė

Turistične informacije

turizmo informacija

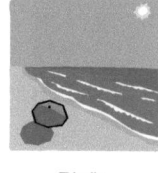

Plaža

paplūdimys

Kreditna kartica

kreditinė kortelė

Zajtrk

pusryčiai

Kosilo

pietūs

Večerja

vakarienė

Vozovnica

bilietas

Dvigalo

liftas

Znamka

pašto ženklas

Meja

siena

Carina

muitinė

Veleposlaništvo

ambasada

Vizum

viza

Potni list

pasas

Prevoz
transportas

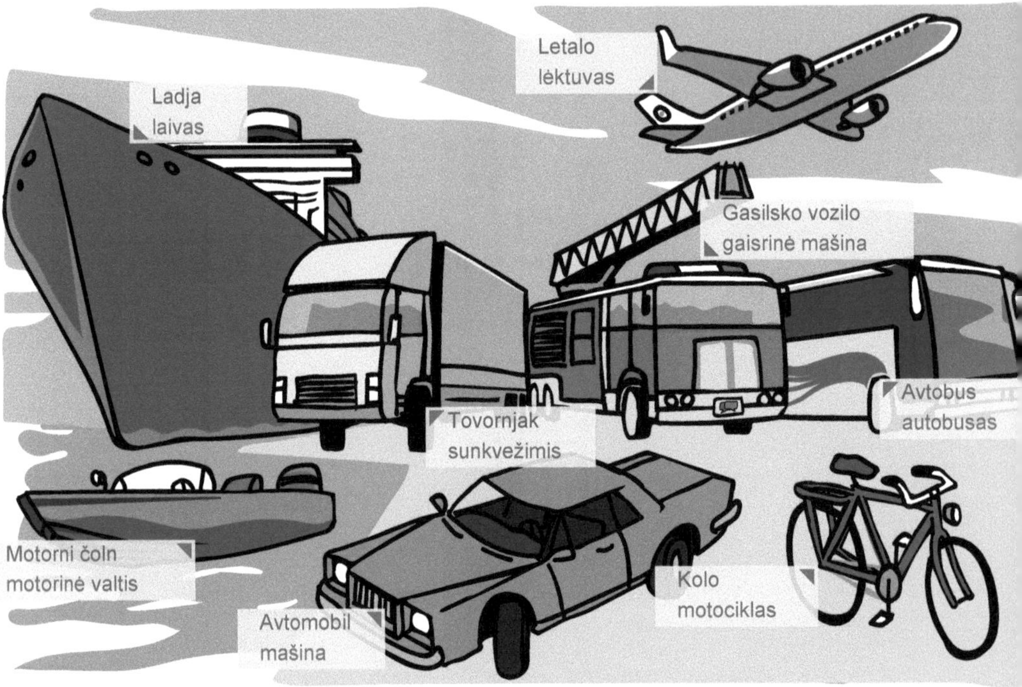
Ladja
laivas
Letalo
lėktuvas
Gasilsko vozilo
gaisrinė mašina
Tovornjak
sunkvežimis
Avtobus
autobusas
Motorni čoln
motorinė valtis
Avtomobil
mašina
Kolo
motociklas

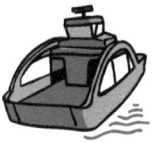

Trajekt
keltas

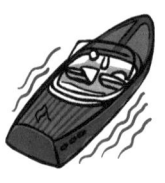

Čoln
valtis

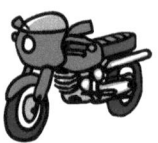

Motorno kolo
mopedas

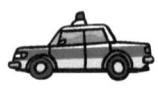

Policijski avto
policijos automobilis

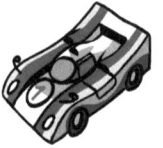

Dirkalni avto
lenktyninis automobilis

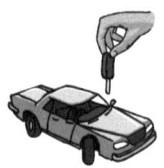

Najeto vozilo
nuomojamas automobilis

Souporaba avtomobila

bendras automobilio
naudojimas

Avtovleka

techninės pagalbos
automobilis

Smetarsko vozilo

šiukšliavežė

Motor

variklis

Gorivo

degalai

Bencinska postaja

degalinė

Prometni znak

kelio ženklas

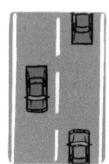

Promet

eismas

Zastoj

eismo spūstis

Parkirišče

mašinų stovėjimo aikštelė

Železniška postaja

traukinių stotis

Tirnice

bėgiai

Vlak

traukinys

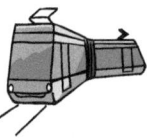

Tramvaj

tramvajus

Vagon

vagonas

Helikopter

sraigtasparnis

Letališče

oro uostas

Stolp

bokštas

Potnik

keleivis

Kontejner

konteineris

Karton

dėžė

Voziček

vežimėlis

Košara

krepšys

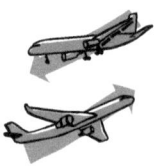

vzleteti / pristati

pakilti / nusileisti

Mesto
miestas

Vas

kaimas

Mestno jedro

miesto centras

Hiša

namas

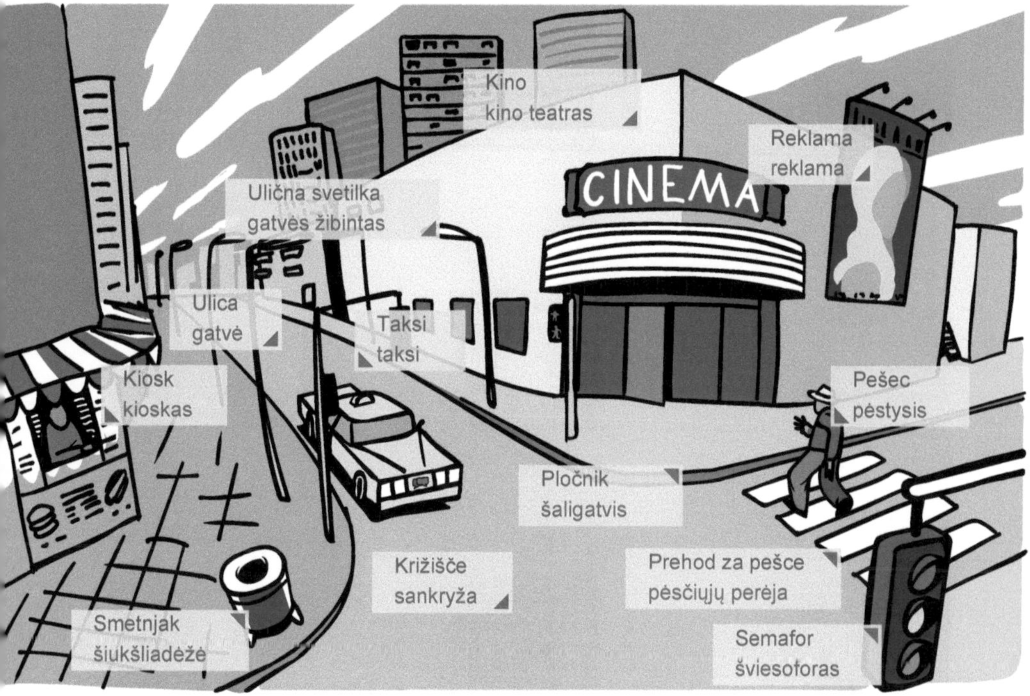

Kino
kino teatras

Reklama
reklama

Ulična svetilka
gatvės žibintas

CINEMA

Ulica
gatvė

Taksi
taksi

Pešec
pėstysis

Kiosk
kioskas

Pločnik
šaligatvis

Križišče
sankryža

Prehod za pešce
pėsčiųjų perėja

Smetnjak
šiukšliadėžė

Semafor
šviesoforas

Koča

trobelė

Stanovanje

butas

Železniška postaja

traukinių stotis

Mestna hiša

rotušė

Muzej

muziejus

Šola

mokykla

Univerza

universitetas

Banka

bankas

Bolnišnica

ligoninė

Hotel

viešbutis

Lekarna

vaistinė

Pisarna

biuras

Knjigarna

knygynas

Trgovina

parduotuvė

Cvetličarna

gėlių parduotuvė

Supermarket

prekybos centras

Tržnica

turgus

Veleblagovnica

universalinė parduotuvė

Ribarnica

žuvies parduotuvė

Nakupovalno središče

prekybos centras

Pristanišče

uostas

Park

parkas

Klop

suoliukas

Most

tiltas

Stopnice

laiptai

Podzemna železnica

metro

Predor

tunelis

Avtobusno postajališče

autobusų stotelė

Bar

baras

Restavracija

restoranas

Poštni nabiralnik

lauko pašto dėžutė

Ulična tabla

kelio ženklas

Parkirna ura

parkomatas

Živalski vrt

zoologijos sodas

Kopališče

baseinas

Mošeja

mečetė

Kmetija
ūkininko ūkis

Onesnaževanje
tarša

Pokopališče
kapinės

Cerkev
bažnyčia

Otroško igrišče
žaidimų aikštelė

Tempelj
šventykla

Pokrajina
kraštovaizdis

List
lapas

Kažipot
kelio rodyklė

Pot
kelias

Travnik
pieva

Kamen
akmuo

Drevo
medis

Pohodnik
ėjikas

Reka
upė

Trava
žolė

Cvetlica
gėlė

Dolina	Hrib	Jezero
slénis	kalva	ežeras
	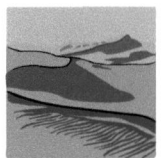	
Gozd	Puščava	Vulkan
miškas	dykuma	ugnikalnis

Grad	Mavrica	Goba
pilis	vaivorykštė	grybas

Palma	Komar	Muha
palmė	uodas	musė

Mravlja	Čebela	Pajek
skruzdėlė	bitė	voras

Hrošč

vabalas

Žaba

varlė

Veverica

voverė

Jež

ežys

Zajec

kiškis

Sova

pelėda

Ptič

paukštis

Labod

gulbė

Divji prašič

šernas

Jelen

elnias

Los

briedis

Jez

užtvanka

Vetrnica

vėjo jėgainė

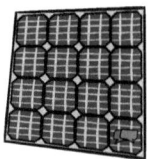

Solarna plošča

saulės baterija

Podnebje

klimatas

Restavracija
restoranas

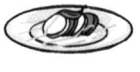

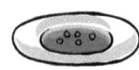

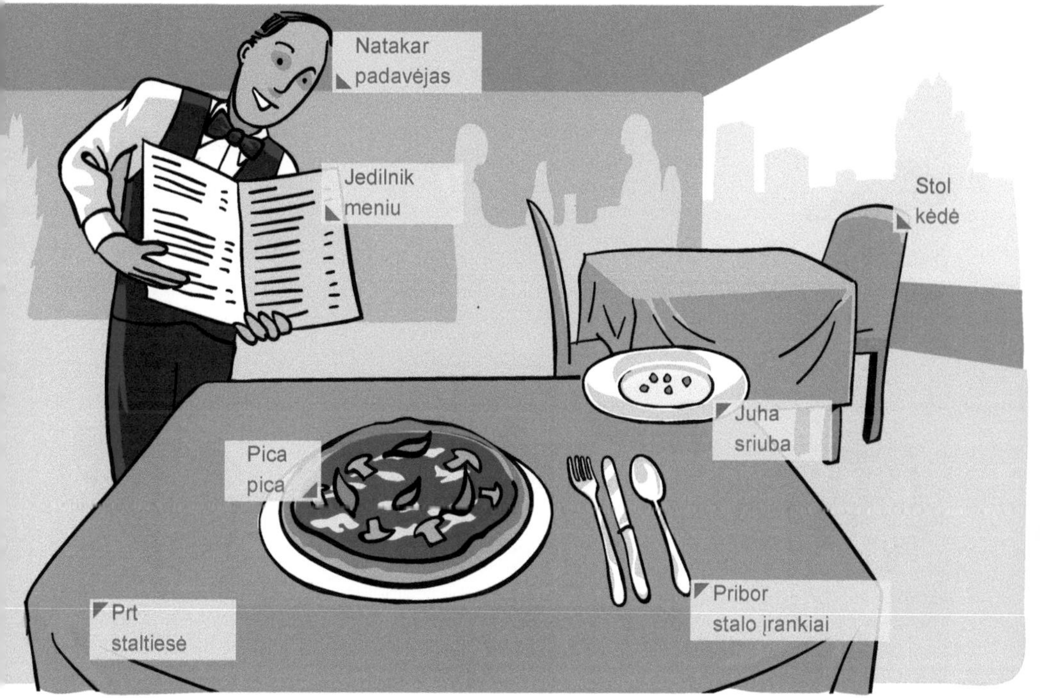
Natakar
padavėjas
Jedilnik
meniu
Stol
kėdė
Juha
sriuba
Pica
pica
Prt
staltiesė
Pribor
stalo įrankiai

Predjed
užkandis

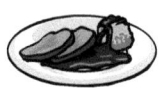

Glavna jed
pagrindinis patiekalas

Sladica
desertas

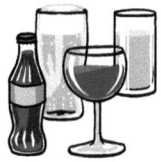

Pijače
gėrimai

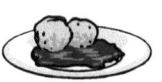

Hrana
maistas

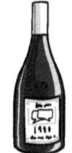

Steklenica
butelis

Hitra hrana

greitai pateikiamas maistas

Ulična hrana

gatvės maistas

Čajnik

arbatinukas

Sladkornica

cukrinė

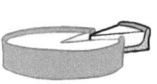

Porcija

porcija

Aparat za espresso

espreso aparatas

Stolček za hranjenje

aukšta kėdė

Račun

sąskaita

Pladenj

padėklas

Nož

peilis

Vilica

šakutė

Žlica

šaukštas

Čajna žlička

arbatinis šaukštelis

Servieta

servetėlė

Kozarec

stiklinė

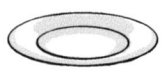

Krožnik

lėkštė

Globoki krožnik

sriubos lėkštė

Krožniček

padėklas

Omaka

padažas

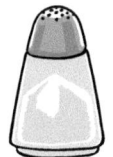

Solnica

druskinė

Mlinček za poper

pipirų malūnėlis

Kis

actas

Olje

aliejus

Začimbe

prieskoniai

Kečap

kečupas

Gorčica

garstyčios

Majoneza

majonezas

Supermarket

prekybos centras

Posebna ponudba
specialus pasiūlymas
FOR
Stranka
pirkėjas
Mlečni izdelki
pieno produktai
Sadje
vaisiai
Nakupovalni voziček
troleibusas

BUTCHERS

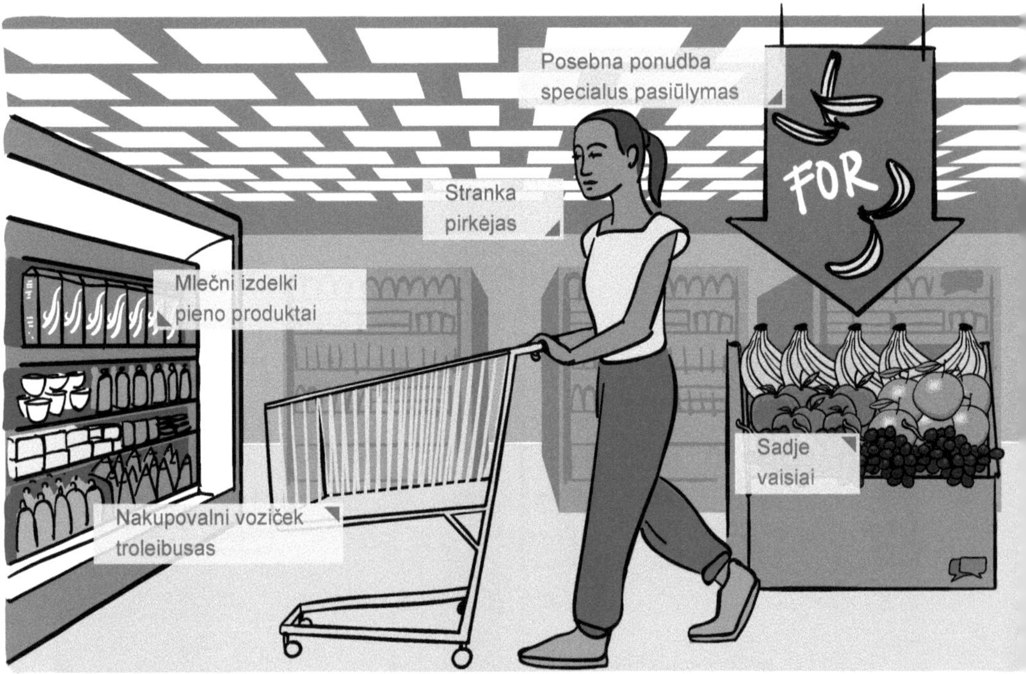

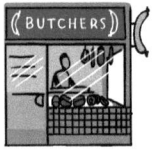

Mesnica

mėsos parduotuvė

BAKERY

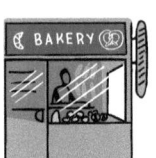

Pekarna

kepykla

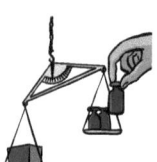

Tehtati

sverti

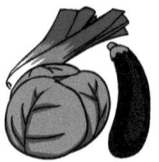

Zelenjava

daržovės

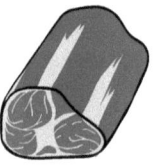

Meso

mėsa

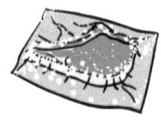

Zamrznjena hrana

šaldytas maistas

Hladne mesnine

šalti mėsos užkandžiai

Konzerve

konservai

Pralni prašek

skalbimo milteliai

Sladkarije

saldumynai

Gospodinjski izdelki

ūkinės prekės

Čistilno sredstvo

valymo priemonės

Prodajalka

pardavėja

Blagajna

kasos aparatas

Blagajnik

kasininkas

Nakupovalni seznam

pirkinių sąrašas

Delovni čas

darbo valandos

Denarnica

piniginė

Kreditna kartica

kreditinė kortelė

Torba

maišelis

Plastična vrečka

plastikinis maišelis

Voda

vanduo

Sok

sultys

Mleko

pienas

Kola

kola

Vino

vynas

Pivo

alus

Alkohol

alkoholis

Kakav

kakava

Čaj

arbata

Kava

kava

Espresso

espresas

Kapučino

kapučinas

Banana

bananas

Jabolko

obuolys

Pomaranča

apelsinas

Lubenica

arbūzas

Limona

citrina

Korenje

morka

Česen

česnakas

Bambus

bambukas

Čebula

svogūnas

Goba

grybas

Oreščki

riešutai

Rezanci

makaronai

Špageti

spagečiai

Riž

ryžiai

Solata

salotos

Ocvrt krompirček

traškučiai

Pečen krompir

keptos bulvės

Pica

pica

Hamburger

mėsainis

Sendvič

sumuštinis

Zrezek

pjausnys

Šunka

kumpis

Salama

saliamis

Klobasa

dešrelė

Piščanec

vištiena

Pečenka

kepsnys

Riba

žuvis

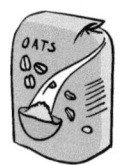

Ovseni kosmiči

avižų dribsniai

Musli

dribsniai su priedais

Koruzni kosmiči

kukurūzų dribsniai

Moka

miltai

Rogljiček

prancūziškasis ragelis

Žemlja

bandelė

Kruh

duona

Prepečenec

skrebutis

Piškoti

sausainiai

Maslo

sviestas

Skuta

varškė

Torta

tortas

Jajce

kiaušinis

Pečeno jajce na oko

kiaušinienė

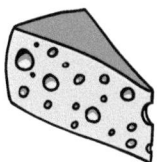

Sir

sūris

Sladoled

ledai

Sladkor

cukrus

Med

medus

Marmelada

uogienė

Čokoladni namaz

tepamas šokoladas

Kari

karis

Kmetija
ūkininko ūkis

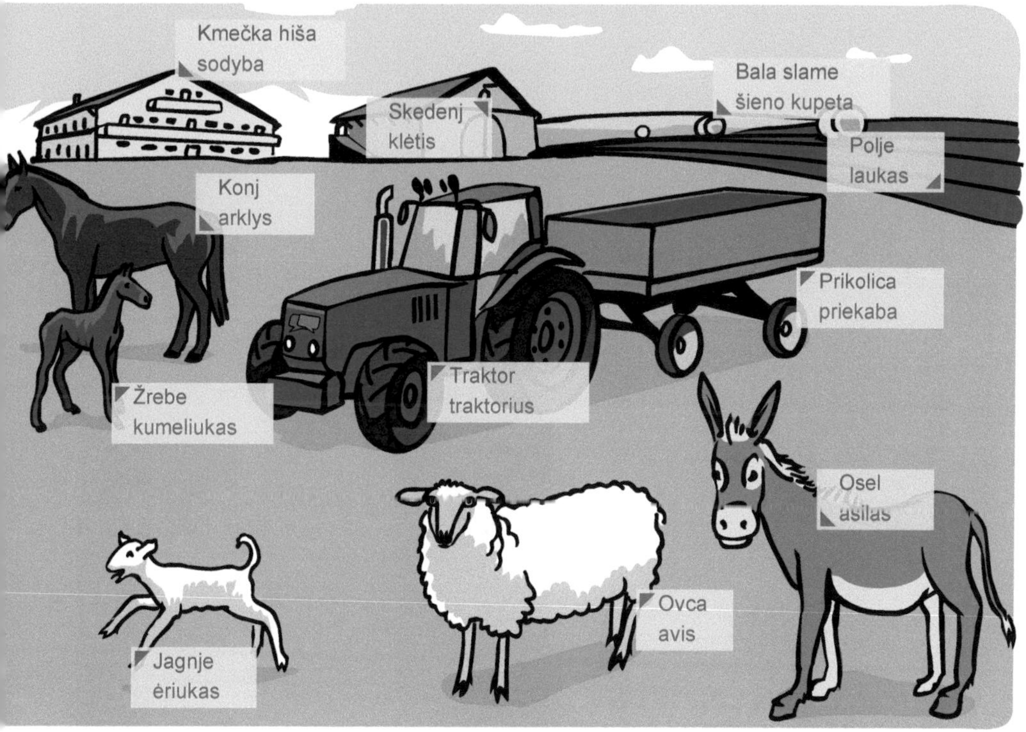

Kmečka hiša
sodyba
Skedenj
klėtis
Bala slame
šieno kupeta
Polje
laukas
Konj
arklys
Prikolica
priekaba
Traktor
traktorius
Žrebe
kumeliukas
Osel
asilas
Ovca
avis
Jagnje
ėriukas

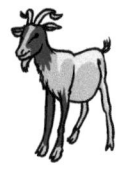

Koza

ožys

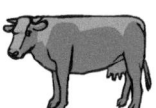

Krava

karvė

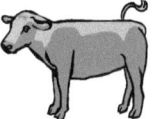

Tele

veršis

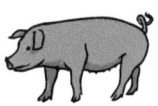

Prašič

kiaulė

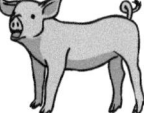

Pujsek

paršelis

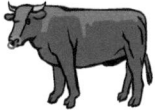

Bik

bulius

Gos

žąsis

Raca

antis

Piščanec

viščiukas

Kokoš

višta

Petelin

gaidys

Podgana

žiurkė

Mačka

katė

Miš

pelė

Vol

jautis

Pes

šuo

Pasja uta

šuns būda

Cev za zalivanje

sodo namas

Kangla za zalivanje

laistytuvas

Kosa

dalgis

Plug

plūgas

Srp

pjautuvas

Motika

kauptukas

Vile

šakės

Sekira

kirvis

Samokolnica

statinė

Korito

lovys

Kangla za mleko

bidonas

Vreča

maišas

Ograja

tvora

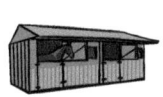

Hlev

arklidė

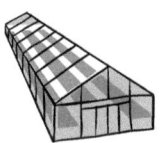

Rastlinjak

šiltnamis

Prst

dirva

Seme

sėkla

Gnojilo

trąšos

Kombajn

kombainas

Žeti

rinkti

Žetev

derlius

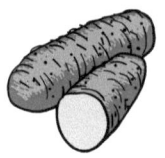

Jam

saldžiosios bulvės

Pšenica

kviečiai

Soja

soja

Krompir

bulvė

Koruza

kukurūzai

Oljna ogrščica

rapsai

Sadno drevo

vaismedis

Maniok

manijokas

Žito

grūdai

Hiša
namas

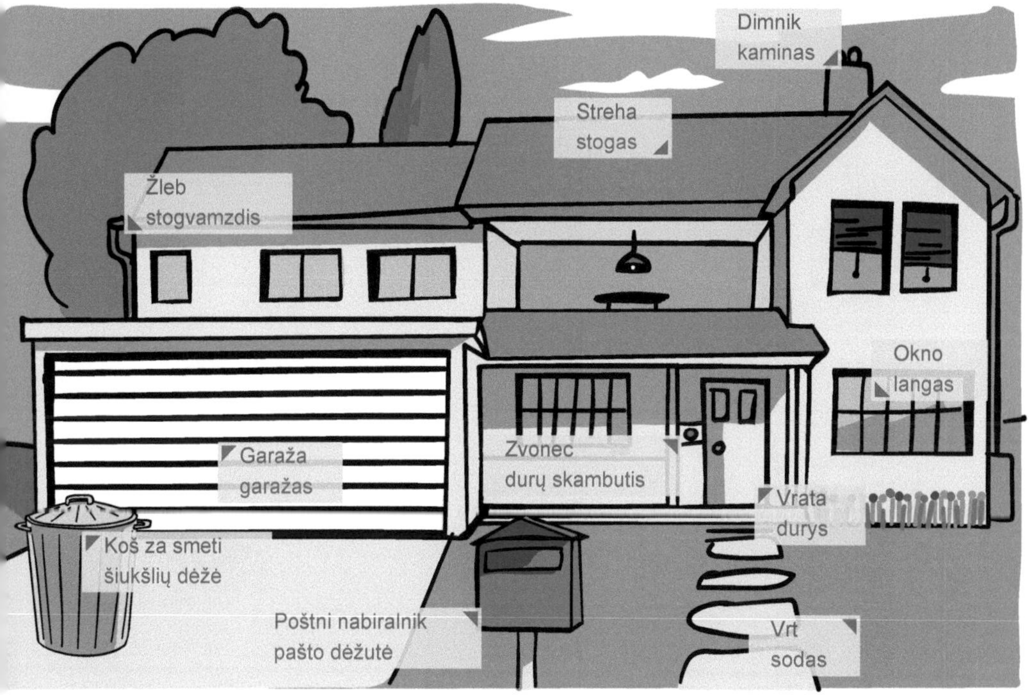
Dimnik
kaminas
Streha
stogas
Žleb
stogvamzdis
Okno
langas
Garaža
garažas
Zvonec
durų skambutis
Vrata
durys
Koš za smeti
šiukšlių dėžė
Poštni nabiralnik
pašto dėžutė
Vrt
sodas

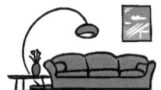

Dnevna soba

svetainė

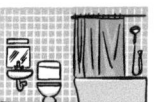

Kopalnica

vonios kambarys

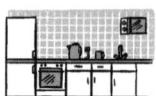

Kuhinja

virtuvė

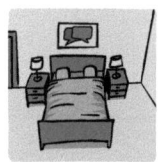

Spalnica

miegamasis

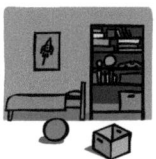

Otroška soba

vaiko kambarys

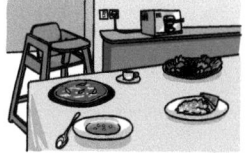

Jedilnica

valgomasis

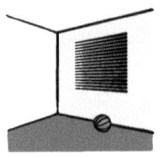

Tla
grindys

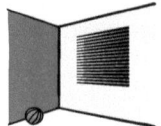

Stena
siena

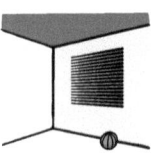

Strop
lubos

Klet
rūsys

Savna
sauna

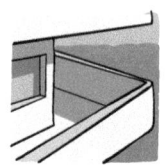

Balkon
balkonas

Terasa
terasa

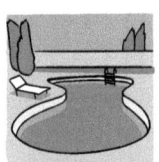

Bazen
baseinas

Kosilnica
žoliapjovė

Rjuha
paklodė

Posteljno pregrinjalo
lovatiesė

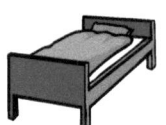

Postelja
lova

Metla
šluota

Vedro
kibiras

Stikalo
jungiklis

Dnevna soba
svetainė

Tapeta
tapetai
Slika
nuotrauka
Svetilka
šviestuvas
Polica
lentyna
Omara
spintelė
Televizor
televizorius
Kamin
židinys
Cvetlica
gėlė
Blazina
pagalvėlė
Zofa
sofa
Vaza
vaza
Daljinski upravljalnik
nuotolinio valdymo pultelis

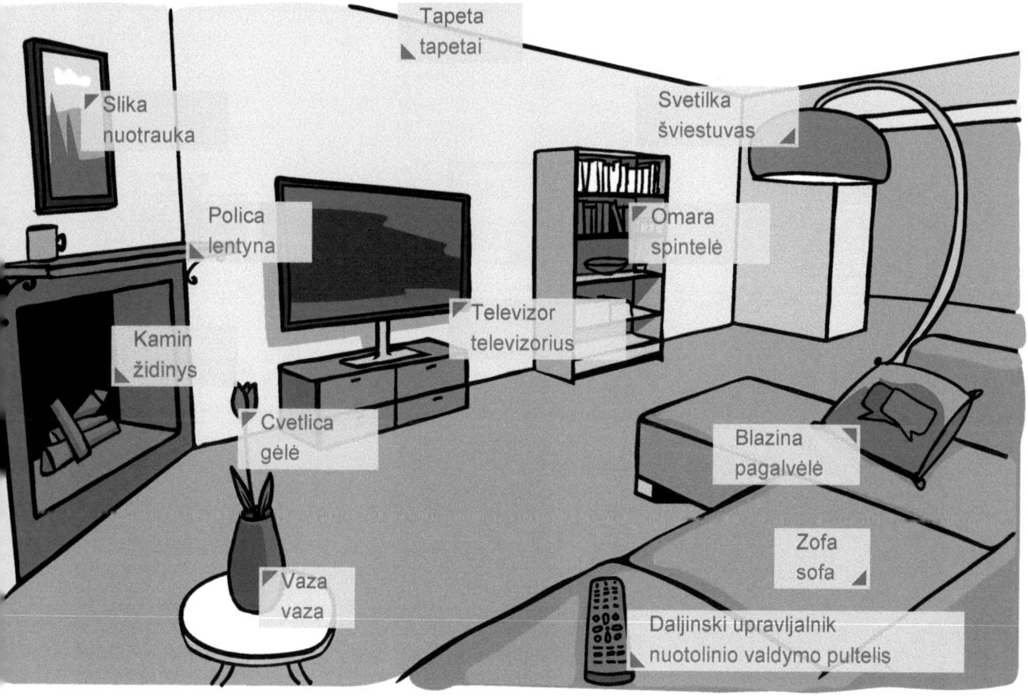

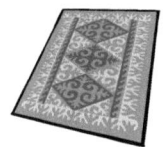

Preproga
kilimas

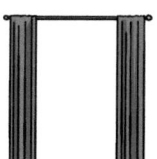

Zavesa
užuolaida

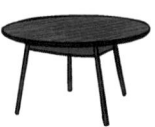

Miza
stalas

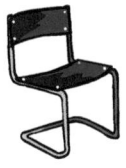

Stol
kėdė

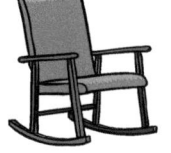

Gugalnik
supamasis krėslas

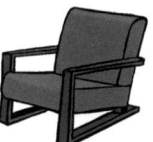

Naslanjač
fotelis

Knjiga

knyga

Odeja

antklodė

Dekoracija

papuošimai

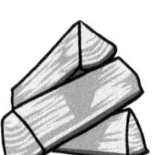

Drva

malkos

Film

filmas

Glasbeni stolp

stereo aparatūra

Ključ

raktas

Časopis

laikraštis

Slika

paveikslas

Plakat

plakatas

Radio

radijas

Beležka

užrašų knygelė

Sesalnik

dulkių siurblys

Kaktus

kaktusas

Sveča

žvakė

Kuhinja
virtuvė

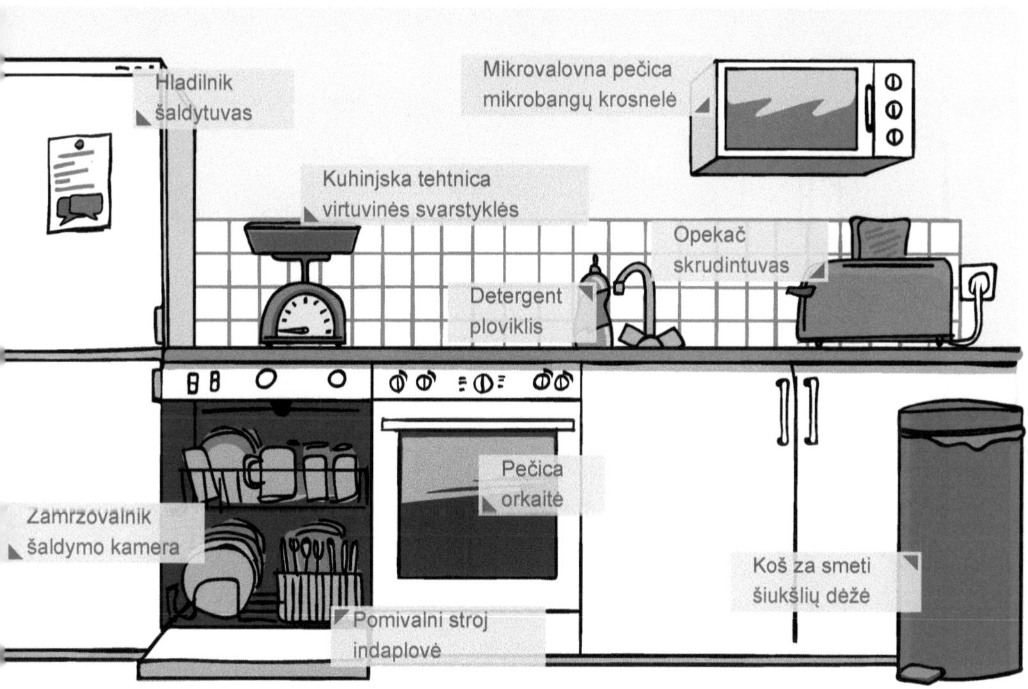
Hladilnik
šaldytuvas
Mikrovalovna pečica
mikrobangų krosnelė
Kuhinjska tehtnica
virtuvinės svarstyklės
Opekač
skrudintuvas
Detergent
ploviklis
Pečica
orkaitė
Zamrzovalnik
šaldymo kamera
Koš za smeti
šiukšlių dėžė
Pomivalni stroj
indaplovė

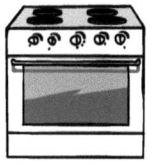

Kozica
....
viryklė

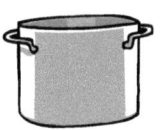

Lonec
....
puodas

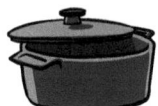

Litoželezni lonec
....
ketaus puodas

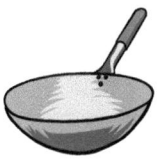

Vok / kadai
....
„wok“ keptuvė

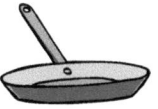

Ponev
....
keptuvė

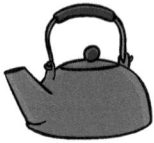

Kotliček
....
virdulys

Parni kuhalnik

garų puodas

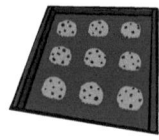

Pekač

kepimo skarda

Posoda

porceliano indai

Skodelica

puodelis

Skleda

dubuo

Jedilne paličice

valgomosios lazdelės

Zajemalka

samtis

Lopatica

mentelė

Metlica

plaktuvas

Cedilnik

koštuvas

Cedilo

sietas

Strgalo

trintuvė

Možnar

grūstuvė

Žar

kepsninė

Ognjišče

atvira liepsna

Deska za rezanje

pjaustymo lentelė

Valjar

kočėlas

Odpirač za steklenice

kamščiatraukis

Pločevinka

skardinė

Odpirač za konzerve

skardinių atidarytuvas

Prijemalka za posodo

puodkėlė

Korito

kriauklė

Ščetka

šepetys

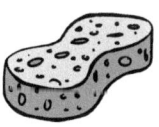

Goba

kempinė

Mešalnik

trintuvas

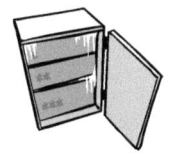

Zamrzovalna skrinja

šaldiklis

Steklenička

kūdikių buteliukas

Pipa

čiaupas

Kopalnica
vonios kambarys

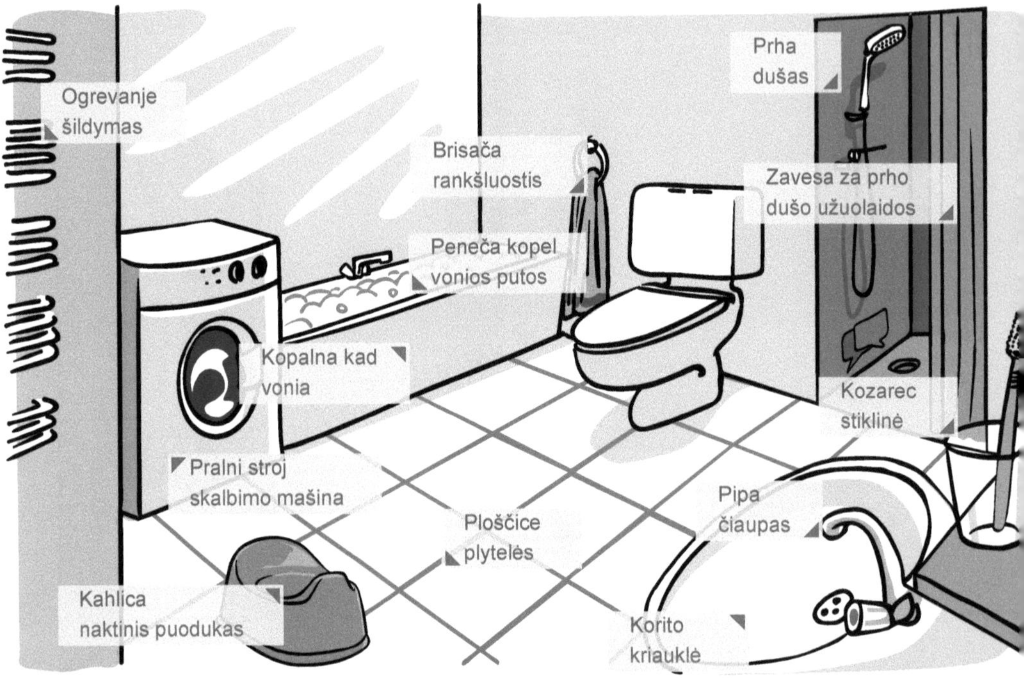

Prha
dušas
Ogrevanje
šildymas
Brisača
rankšluostis
Zavesa za prho
dušo užuolaidos
Peneča kopel
vonios putos
Kopalna kad
vonia
Kozarec
stiklinė
Pralni stroj
skalbimo mašina
Pipa
čiaupas
Ploščice
plytelės
Kahlica
naktinis puodukas
Korito
kriauklė

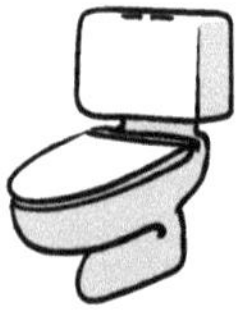

Stranišče
unitazas

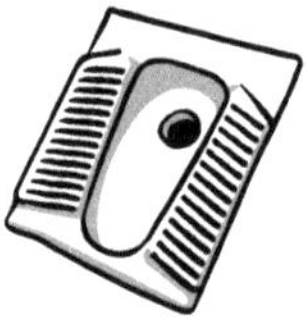

Stranišče na počep
tupimasis unitazas

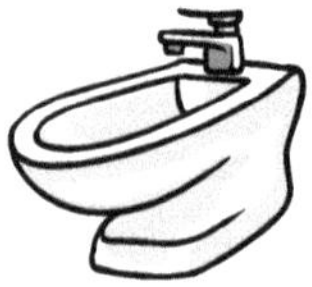

Bide
bidė

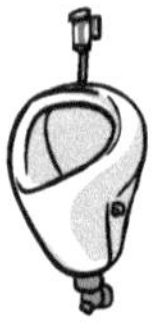

Pisoar
pisuaras

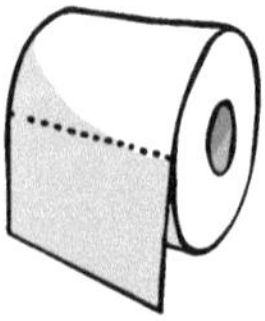

Toaletni papir
tualetinis popierius

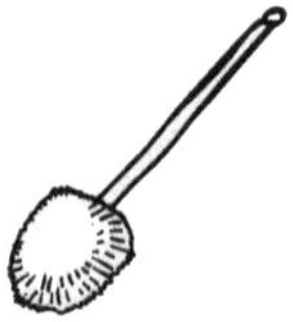

Ščetka za straniščno školjko
unitazo šepetys

Zobna ščetka

dantų šepetėlis

Zobna pasta

dantų pasta

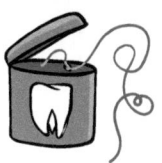

Zobna nitka

dantų siūlas

Umiti se

plauti

Ročna prha

dušo galvutė

Prha za intimne dele

higieninis dušas

Umivalnik

praustuvas

Krtača za hrbet

nugaros plaušinė

Milo

muilas

Gel za prhanje

dušo želė

Šampon

šampūnas

Krpica za miljenje

plaušinė

Odtok

kanalizacija

Krema

kremas

Deodorant

dezodorantas

Ogledalo

veidrodis

Ročno ogledalo

veidrodėlis

Britvica

skustuvas

Pena za britje

skutimosi putos

Vodica po britju

losjonas po skutimosi

Glavnik

šukos

Ščetka

šepetys

Sušilnik za lase

plaukų džiovintuvas

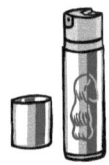

Lak za lase

plaukų lakas

Ličila

makiažas

Šminka

lūpdažis

Lak za nohte

nagų lakas

Vatirane blazinice

vata

Škarjice za nohte

žirklutės nagams

Parfum

kvepalai

Toaletna torbica

maišelis skalbiniams

Stol brez naslonjala

taburetė

Osebna tehtnica

svarstyklės

Kopalni plašč

chalatas

Gumijaste rokavice

guminės pirštinės

Tampon

tamponas

Damski vložki

higieninis įklotas

Kemično stranišče

biotualetas

Otroška soba
vaiko kambarys

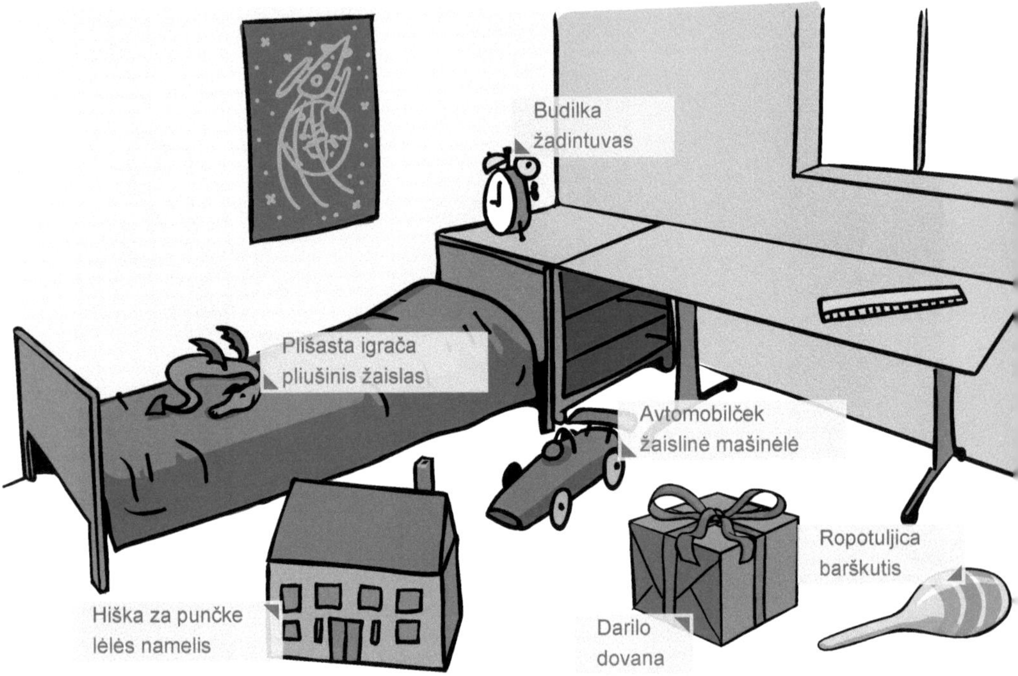

Budilka
žadintuvas
Plišasta igrača
pliušinis žaislas
Avtomobilček
žaislinė mašinėlė
Ropotuljica
barškutis
Hiška za punčke
lėlės namelis
Darilo
dovana

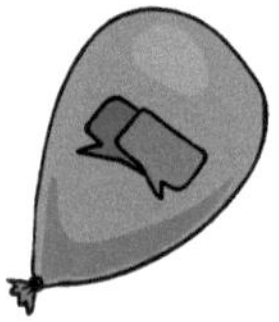

Balon
balionas

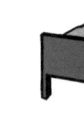

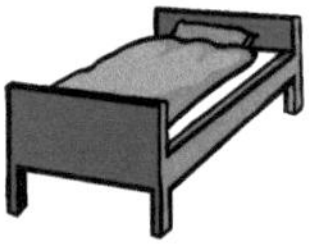

Postelja
lova

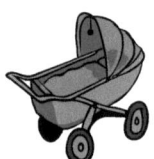

Otroški voziček
vaikiškas vežimėlis

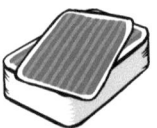

Igralne karte
kortų malka

Sestavljanka
dėlionė

SUPER MEGA

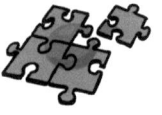

Strip
komiksai

Lego kocke

lego kaladėlės

Igralne kocke

žaislinės kaladėlės

Akcijska figura

figūrėlė

Bodi

šliaužtinukai

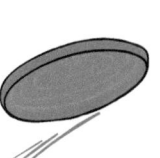

Frizbi

mėtymo lėkštė

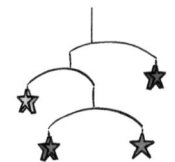

Vrtiljak za posteljico

karuselė

Namizna igra

stalo žaidimas

Kocka

kauliukai

Komplet modelov vlakov

žaislinis traukinys

Duda

žindukas

Zabava

vakarėlis

Slikanica

paveiksliukų knygelė

Žoga

kamuolys

Lutka

lėlė

Igrati se

žaisti

Peskovnik

smėlio dėžė

Gugalnica

sūpynės

Igrače

žaislai

Igralna konzola

žaidimų konsolė

Tricikel

triratukas

Plišasti medvedek

meškiukas

Garderoba

drabužių spinta

Oblačilo

drabužis

Nogavice

kojinės

Samostoječe nogavice

kojinės virš kelių

Hlačne nogavice

pėdkelnės

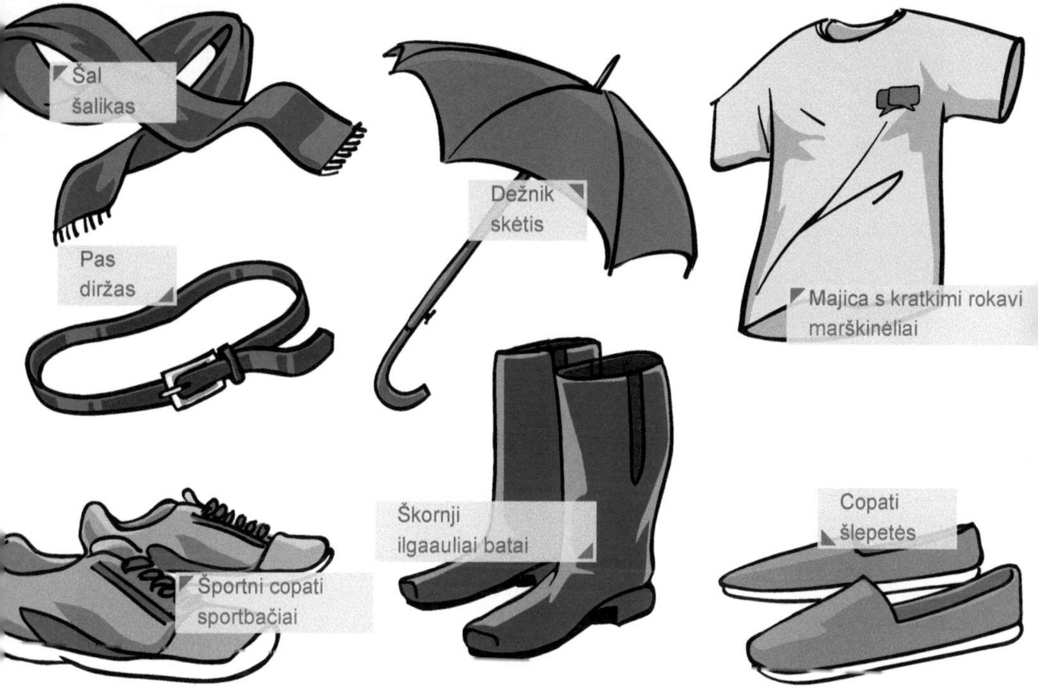

Šal
šalikas

Dežnik
skėtis

Pas
diržas

Majica s kratkimi rokavi
marškinėliai

Škornji
ilgaauliai batai

Copati
šlepetės

Športni copati
sportbačiai

Sandali
sandalai

Čevlji
batai

Gumijasti škornji
guminiai batai

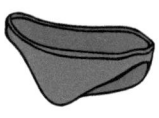

Spodnje hlače
trumpikės

Modrček
liemenėlė

Telovnik
liemenė

Oblačilo - drabužis

Bodi

glaustinukė

Hlače

kelnės

Kavbojke

džinsai

Krilo

sijonas

Bluza

palaidinė

Srajca

marškiniai

Pulover

megztinis

Pletena jopica

megztinis su gobtuvu

Jopa

švarkelis

Jakna

švarkas

Plašč

paltas

Dežni plašč

lietpaltis

Kostim

kostiumas

Obleka

suknelė

Poročna obleka

vestuvinė suknelė

Obleka
....
kostiumas

Spalna srajca
....
naktiniai marškiniai

Pižama
....
pižama

Sari
....
saris

Naglavna ruta
....
skarelė

Turban
....
tiurbanas

Burka
....
burka

Kaftan
....
kaftanas

Abaja
....
abaja

Kopalke
....
maudymosi kostiumėlis

Kopalne hlače
....
glaudės

Kratke hlače
....
šortai

Trenirka
....
sportinis kostiumas

Predpasnik
....
prijuostė

Rokavice
....
pirštinės

Oblačilo - drabužis

47

Gumb
saga

Očala
akiniai

Zapestnica
apyrankė

Verižica
vėrinys

Prstan
žiedas

Uhan
auskaras

Kapa
kepurė

Obešalnik
pakabas

Klobuk
skrybėlė

Kravata
kaklaraištis

Zadrga
užtrauktukas

Čelada
šalmas

Naramnice
breketai

Šolska uniforma
mokyklinė uniforma

Uniforma
uniforma

Slinček
seilinukas

Duda
žindukas

Plenica
vystyklai

Pisarna
biuras

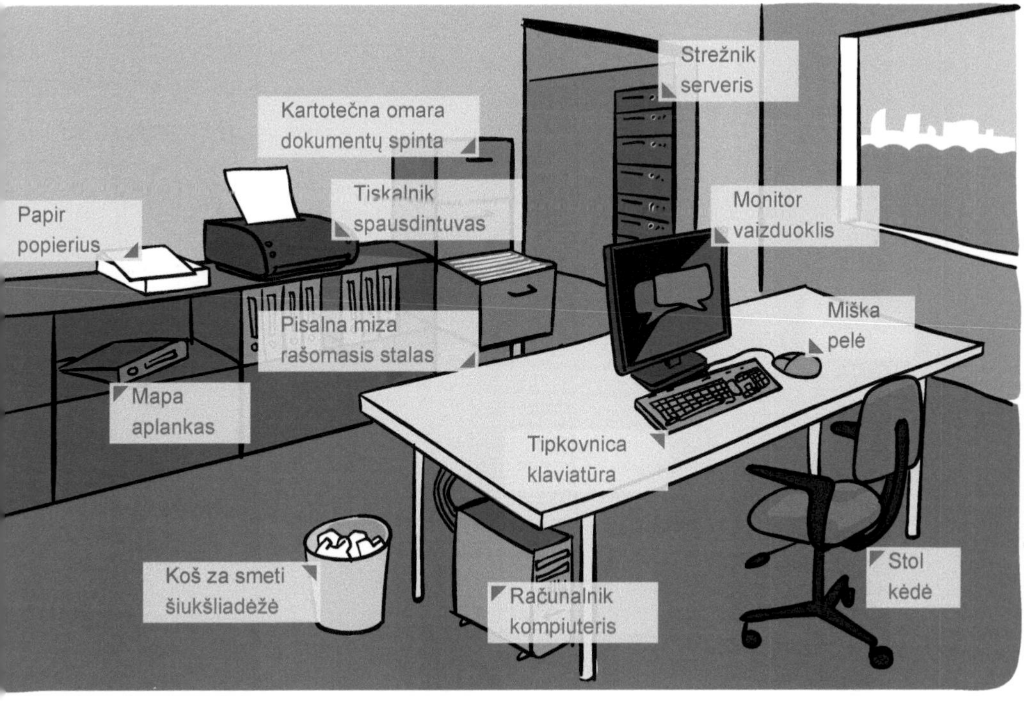

Strežnik
serveris

Kartotečna omara
dokumentų spinta

Tiskalnik
spausdintuvas

Papir
popierius

Monitor
vaizduoklis

Miška
pelė

Pisalna miza
rašomasis stalas

Mapa
aplankas

Tipkovnica
klaviatūra

Koš za smeti
šiukšliadėžė

Stol
kėdė

Računalnik
kompiuteris

Lonček za kavo
kavos puodelis

Kalkulator
kalkuliatorius

Internet
internetas

Prenosnik

nešiojamasis kompiuteris

Pismo

laiškas

Sporočilo

žinutė

Mobilnik

mobilusis telefonas

Omrežje

tinklas

Kopirni stroj

fotokopijavimo aparatas

Programska oprema

programinė įranga

Telefon

telefonas

Vtičnica

kištukinis lizdas

Telefaks

faksas

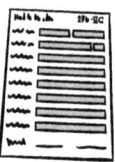

Obrazec

forma

Dokument

dokumentas

Kupiti

pirkti

Plačati

mokėti

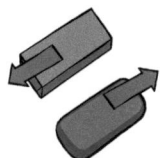

Trgovati

prekiauti

Denar

pinigai

Dolar

doleris

Evro

euras

Jen

jena

Rubelj

rublis

Švičarski frank

Šveicarijos frankas

Kitajski juan renminbi

juanis

Rupija

rupija

Bankomat

bankomatas

Menjalnica

valiutos keitykla

Zlato

auksas

Srebro

sidabras

Nafta

nafta

Energija

energija

Cena

kaina

Pogodba

sutartis

Davek

mokestis

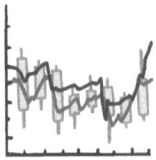

Delnice

akcijos

Delati

dirbti

Delojemalec

darbuotojas

Delodajalec

darbdavys

Tovarna

gamykla

Trgovina

parduotuvė

Policist
policininkas

Gasilec
ugniagesys

Kuhar
virėjas

Zdravnik
gydytojas

Pilot
lakūnas

Vrtnar

sodininkas

Mizar

stalius

Šivilja

siuvėja

Sodnik

teisėjas

Kemik

chemikas

Igralec

aktorius

Voznik avtobusa

autobuso vairuotojas

Taksist

taksi vairuotojas

Ribič

žvejys

Čistilka

valytoja

Krovec

stogdengys

Natakar

padavėjas

Lovec

medžiotojas

Pleskar

dailininkas

Pek

kepėjas

Električar

elektrikas

Gradbenik

statybininkas

Inženir

inžinierius

Mesar

mėsininkas

Vodovodni inštalater

santechnikas

Poštar

paštininkas

Vojak

kareivis

Arhitekt

architektas

Blagajnik

kasininkas

Cvetličar

gėlininkas

Frizer

kirpėjas

Sprevodnik

konduktorius

Mehanik

mechanikas

Kapitan

kapitonas

Zobozdravnik

odontologas

Znanstvenik

mokslininkas

Rabin

rabinas

Imam

imamas

Menih

vienuolis

Duhovnik

kunigas

Orodje
įrankiai

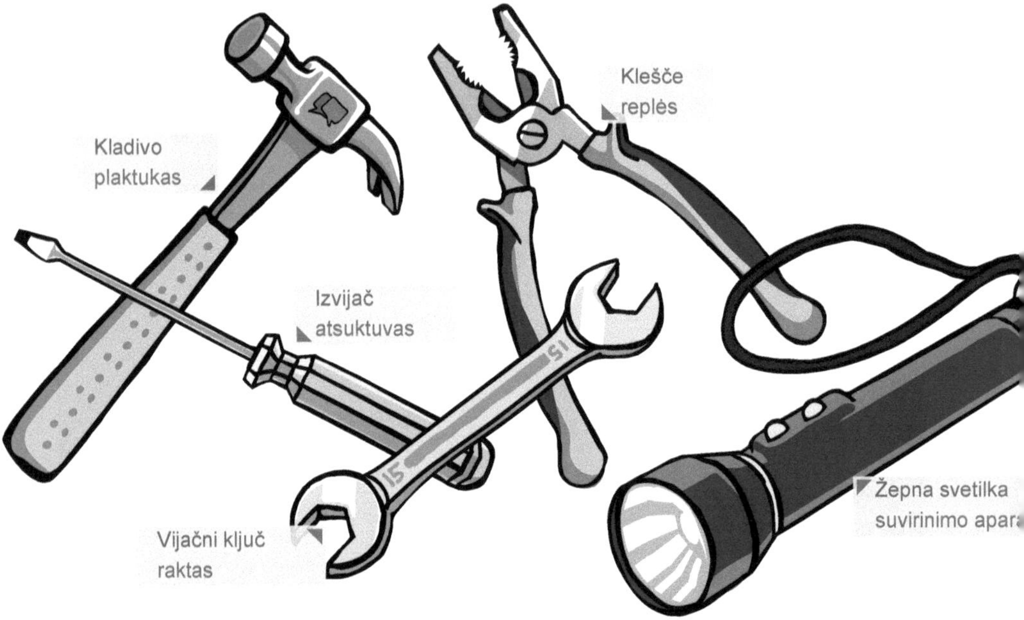

Kladivo
plaktukas
Klešče
replės
Izvijač
atsuktuvas
Vijačni ključ
raktas
Žepna svetilka
suvirinimo apar

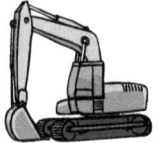

Bager

ekskavatorius

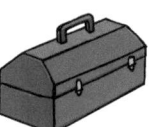

Zaboj z orodjem

įrankių dėžė

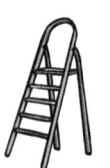

Lestev

kopėčios

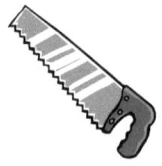

Žaga

pjūklas

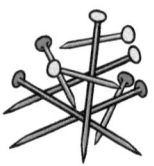

Žeblji

vinys

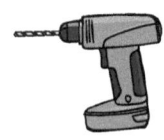

Vrtalnik

grąžtas

Popraviti

taisyti

Lopata

kastuvas

Šment!

Velniava!

Smetišnica

semtuvėlis

Posoda z barvo

dažų skardinė

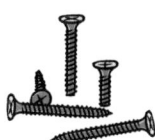

Vijaki

varžtai

Glasbeni instrument
muzikos instrumentai

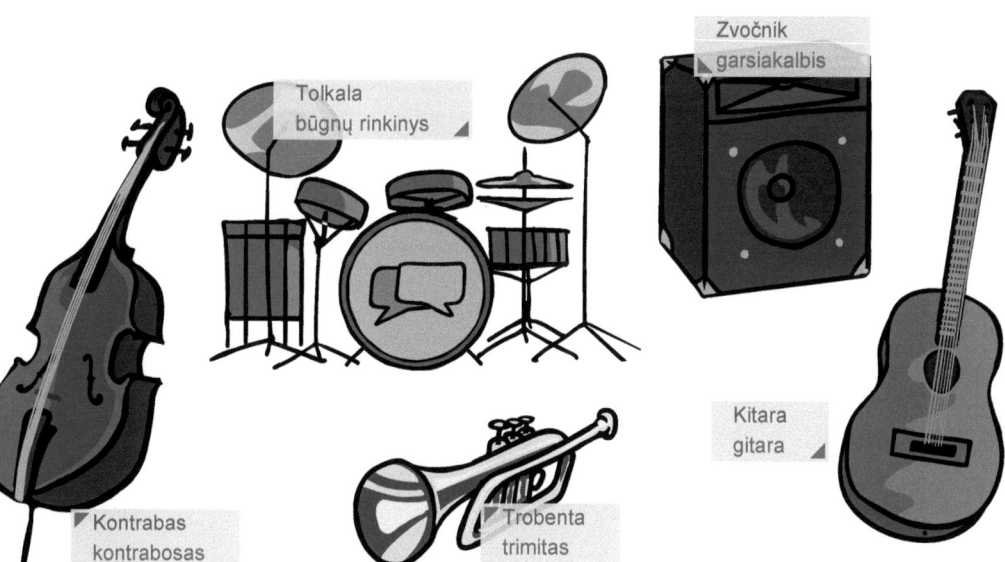

Zvočnik
garsiakalbis

Tolkala
būgnų rinkinys

Kitara
gitara

Kontrabas
kontrabosas

Trobenta
trimitas

Klavir

pianinas

Violina

smuikas

Bas kitara

bosinė gitara

Pavke

timpanas

Bobni

būgnai

Sintetizator

sintezatorius

Saksofon

saksofonas

Flavta

fleita

Mikrofon

mikrofonas

Živalski vrt

zoologijos sodas

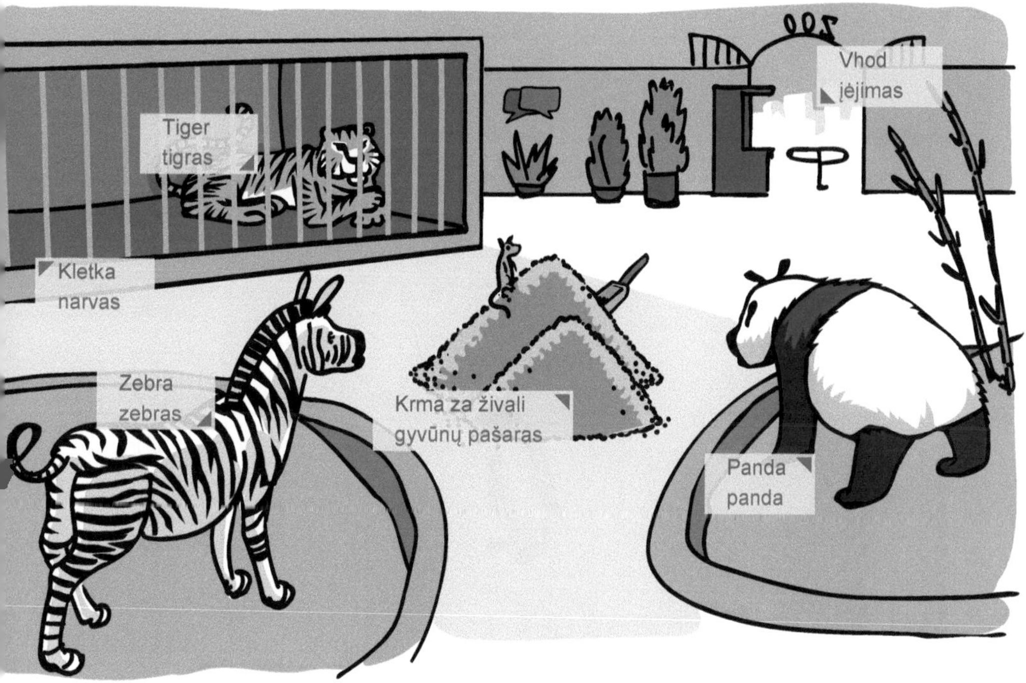
Tiger
tigras
Kletka
narvas
Zebra
zebras
Krma za živali
gyvūnų pašaras
Vhod
įėjimas
Panda
panda

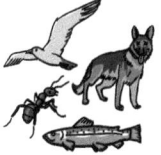

Živali

gyvūnai

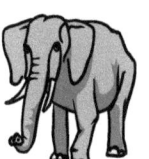

Slon

dramblys

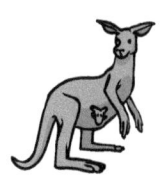

Kenguru

kengūra

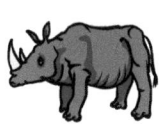

Nosorog

raganosis

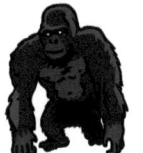

Gorila

gorila

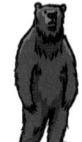

Medved

meška

Kamela

kupranugaris

Noj

strutis

Lev

liūtas

Opica

beždžionė

Plamenec

flamingas

Papagaj

papūga

Severni medved

baltoji meška

Pingvin

pingvinas

Morski pes

ryklys

Pav

povas

Kača

gyvatė

Krokodil

krokodilas

Oskrbnik v živalskem vrtu

zoologijos sodo prižiūrėtojas

Tjulenj

ruonis

Jaguar

jaguaras

Poni

ponis

Leopard

leopardas

Povodni konj

begemotas

Žirafa

žirafa

Orel

erelis

Divji prašič

šernas

Riba

žuvis

Želva

vėžlys

Mrož

vėplys

Lisica

lapė

Gazela

gazelė

Ameriški nogomet
amerikietiškas futbolas

Kolesarjenje
dviračių sportas

Tenis
tenisas

Košarka
krepšinis

Plavanje
plaukimas

Boks
boksas

Hokej
ledo ritulys

Nogomet
futbolas

Badminton
badmintonas

Atletika
atletika

Rokomet
rankinis

Smučanje
slidinėjimas

Polo
polas

Dejavnosti
užsiėmimai

Skočiti
šokinėti
Objeti
apkabinti
Smejati se
juoktis
Hoditi
vaikščioti
Peti
dainuoti
Sanjati
svajoti
Moliti
melstis
Poljubiti
bučiuoti

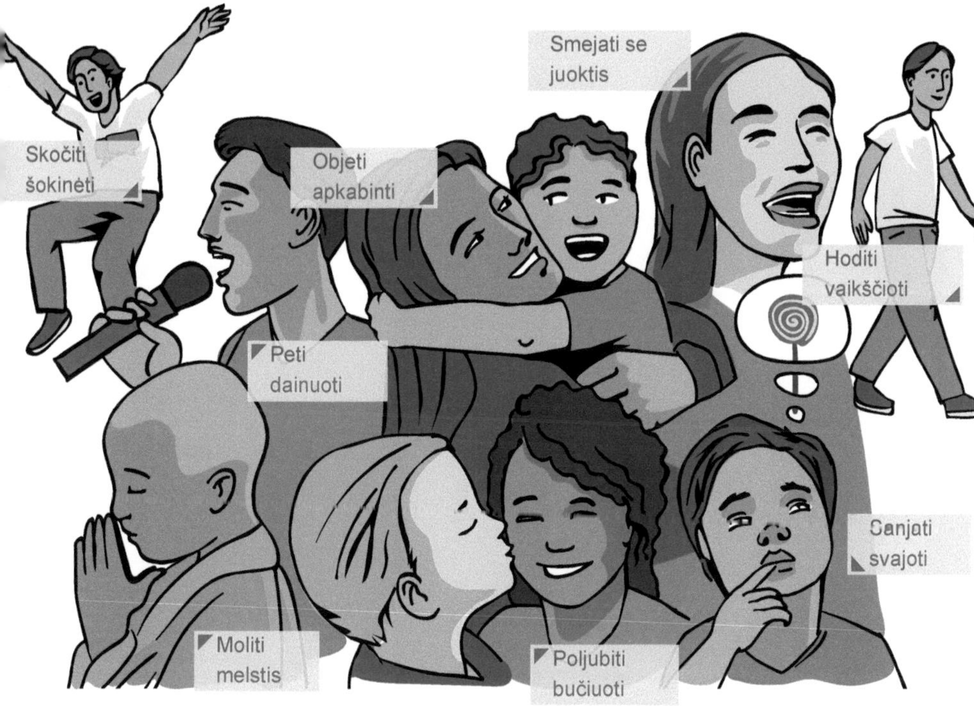

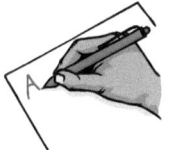

Pisati

rašyti

Risati

piešti

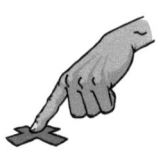

Pokazati

rodyti

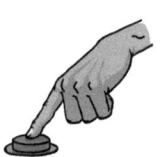

Potisniti

stumti

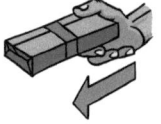

Dati

duoti

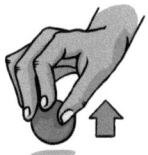

Vzeti

imti

Imeti

turėti

Narediti

daryti

Biti

būti

Stati

stovėti

Teči

bėgti

Vleči

traukti

Vreči

mesti

Pasti

kristi

Ležati

meluoti

Čakati

laukti

Nositi

nešti

Sedeti

sėdėti

Obleči se

rengtis

Spati

miegoti

Zbuditi se

pabusti

Gledati	Jokati	Božati
žiūrėti	verkti	glostyti

Česati se	Govoriti	Razumeti
šukuoti	kalbėti	suprasti

Vprašati	Poslušati	Piti
paklausti	klausytis	gerti

Jesti	Pospraviti	Ljubiti
valgyti	tvarkytis	mylėti

Kuhati	Voziti	Leteti
gaminti	vairuoti	skristi

Jadrati

buriuoti

Računanje

skaičiuoti

Brati

skaityti

Učiti se

mokytis

Delati

dirbti

Poročiti se

vesti

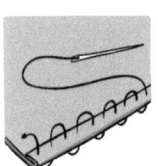

Šivati

siūti

Ščetkati si zobe

valytis dantis

Ubiti

žudyti

Kaditi

rūkyti

Poslati

siųsti

Družina
šeima

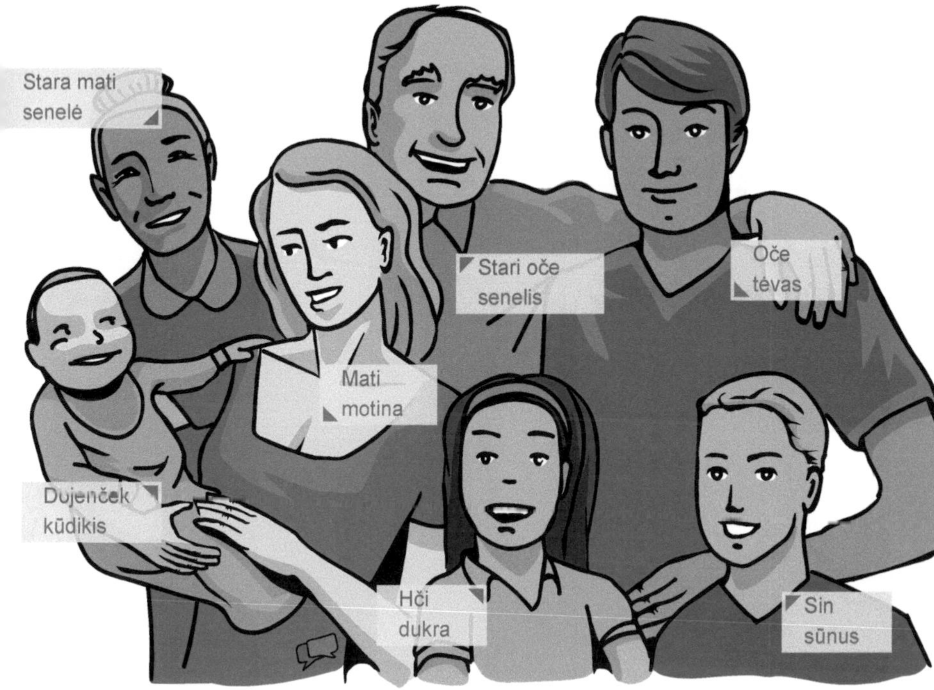
Stara mati
senelė
Stari oče
senelis
Oče
tėvas
Mati
motina
Dojenček
kūdikis
Hči
dukra
Sin
sūnus

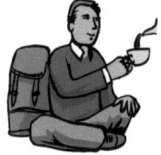

Gost
svečias

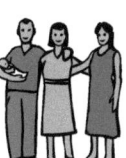

Teta
teta

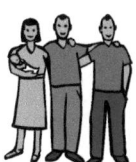

Stric
dėdė

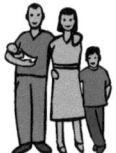

Brat
brolis

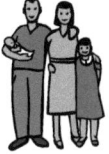

Sestra
sesuo

Telo
kūnas

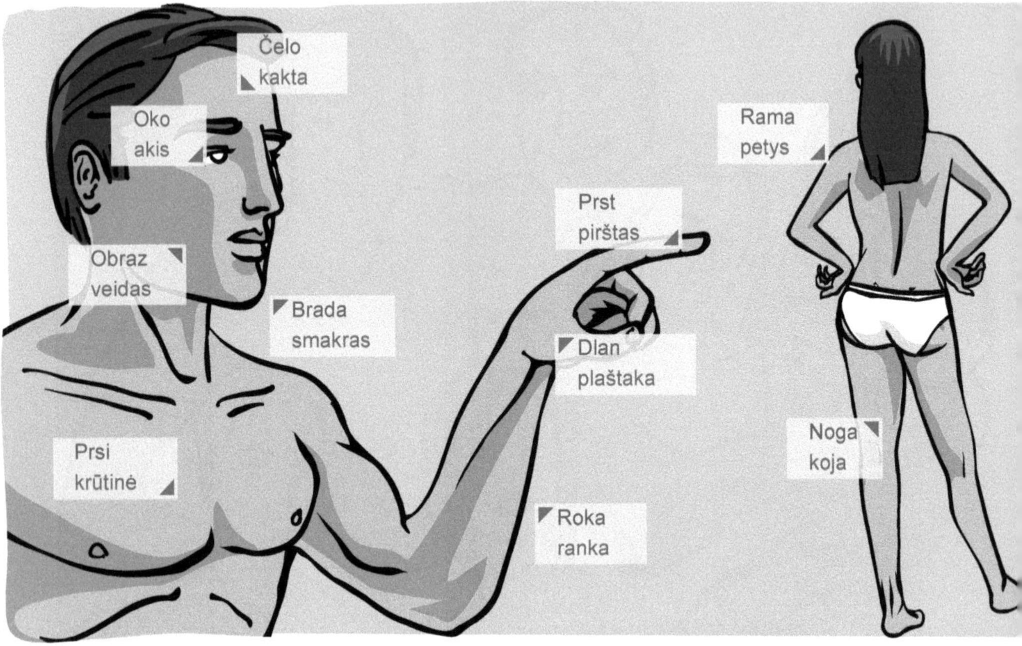

Čelo
kakta

Oko
akis

Rama
petys

Prst
pirštas

Obraz
veidas

Brada
smakras

Dlan
plaštaka

Prsi
krūtinė

Noga
koja

Roka
ranka

Dojenček
....
kūdikis

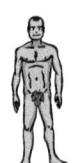

Človek
....
vyras

Ženska
....
moteris

Dekle
....
mergaitė

Fant
....
berniukas

Glava
....
galva

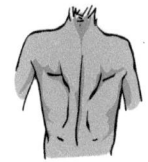

Hrbet

nugara

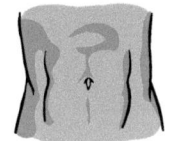

Trebuh

pilvas

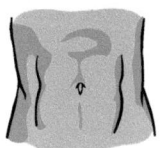

Popek

bamba

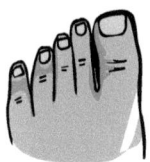

Prst na nogi

kojos pirštas

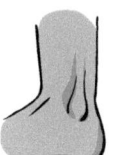

Peta

kulnas

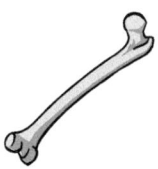

Kost

kaulas

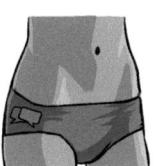

Kolk

klubas

Koleno

kelis

Komolec

alkūnė

Nos

nosis

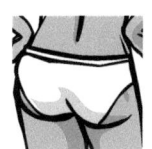

Zadnjica

sėdmenys

Koža

oda

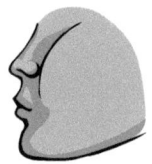

Lice

skruostas

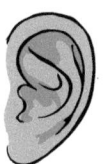

Uho

ausis

Ustnica

lūpa

Usta

burna

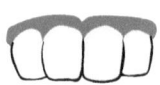

Zob

dantis

Jezik

liežuvis

Možgani

smegenys

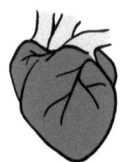

Srce

širdis

Mišica

raumuo

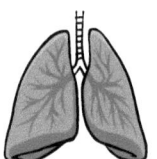

Pljuča

plaučiai

Jetra

kepenys

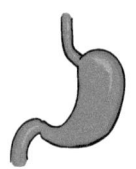

Želodec

skrandis

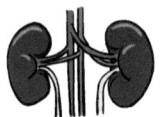

Ledvice

inkstai

Spolni odnos

seksas

Kondom

prezervatyvas

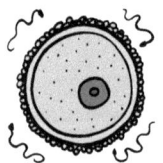

Jajčece

kiaušialąstė

Semenska tekočina

sperma

Nosečnost

nėštumas

Telo - kūnas

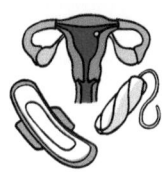

Menstruacija

menstruacijos

Vagina

makštis

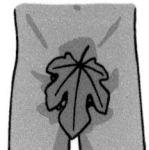

Penis

varpa

Obrv

antakis

Lasje

plaukai

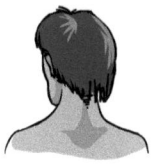

Vrat

kaklas

Bolnišnica
ligoninė

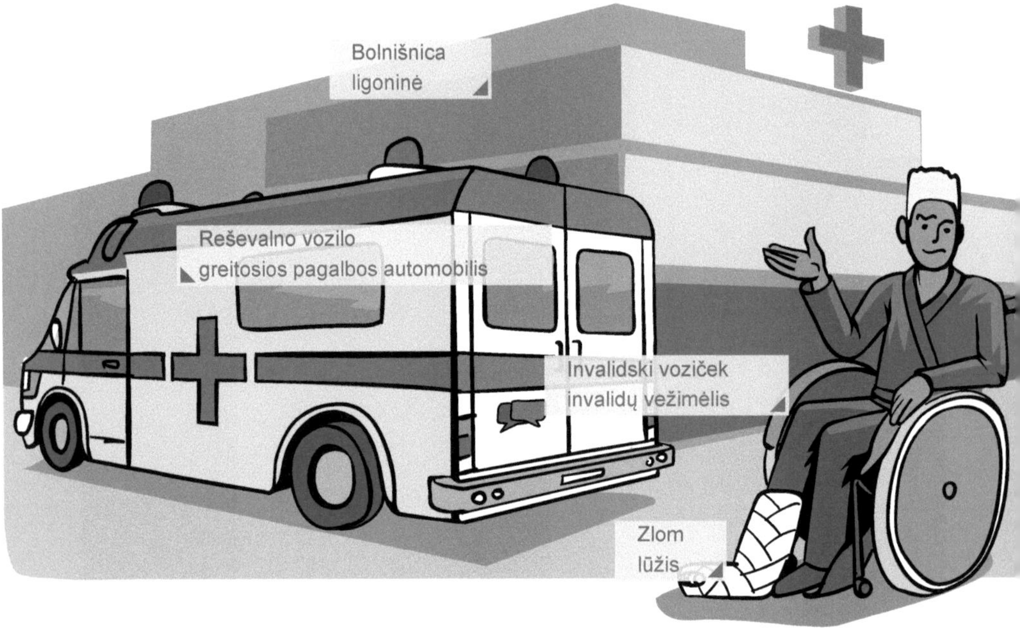

Bolnišnica
ligoninė
Reševalno vozilo
greitosios pagalbos automobilis
Invalidski voziček
invalidų vežimėlis
Zlom
lūžis

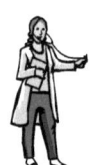

Zdravnik
gydytojas

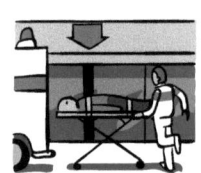

Urgenca
skubios pagalbos skyrius

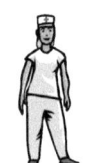

Medicinska sestra
slaugytoja

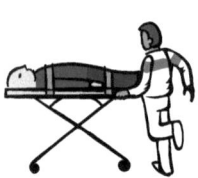

Nujni primer
nelaimingas atsitikimas

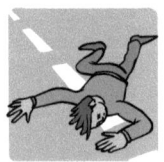

Nezavesten
be sąmonės

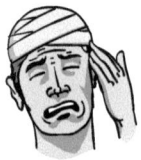

Bolečina
skausmas

Poškodba

sužalojimas

Krvavenje

kraujavimas

Srčni infarkt

širdies smūgis

Kap

insultas

Alergija

alergija

Kašelj

kosulys

Vročina

karščiavimas

Gripa

gripas

Driska

viduriavimas

Glavobol

galvos skausmas

Rak

vėžys

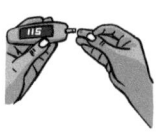

Sladkorna bolezen

diabetas

Kirurg

chirurgas

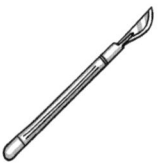

Skalpel

skalpelis

Operacija

operacija

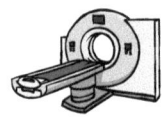

CT
KT

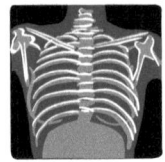

Rentgen
rentgenas

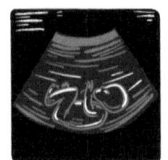

Ultrazvok
ultragarsas

Obrazna maska
veido kaukė

Bolezen
liga

Čakalnica
laukiamasis

Bergla
ramentas

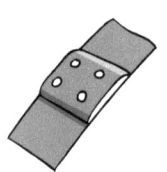

Obliž
gipsas

Preveza
tvarstis

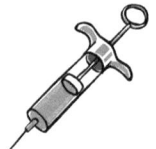

Injekcija
injekcija

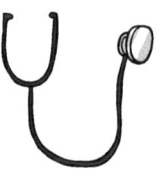

Stetoskop
stetoskopas

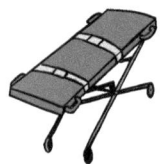

Nosila
neštuvai

Klinični termometer
termometras

Porod
gimimas

Prekomerna teža
antsvoris

Slušni pripomoček

klausos aparatas

Razkužilo

dezinfekavimo priemonė

Okužba

infekcija

Virus

virusas

HIV / AIDS

ŽIV / AIDS

Medicina

vaistas

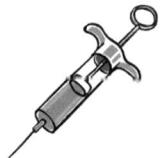

Cepljenje

skiepijimas

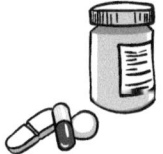

Tablete

tabletės

Tableta

piliulė

Klic v sili

skubios pagalbos numeris

Merilnik krvnega tlaka

kraujospūdžio matuoklis

bolano / zdravo

ligotas / sveikas

nelaimingas atsitikimas

Na pomoč!

Padėkite!

Alarm

pavojaus signalas

Napad

užpuolimas

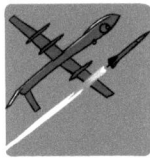

Napad

ataka

Nevarnost

pavojus

Izhod v sili

avarinis išėjimas

Gori!

Gaisras!

Gasilni aparat

gesintuvas

Nezgoda

nelaimingas atsitikimas

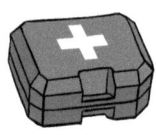

Komplet za prvo pomoč

pirmosios pagalbos rinkinys

SOS

SOS

Policija

policija

Evropa

Europa

Severna Amerika

Šiaurės Amerika

Južna Amerika

Pietų Amerika

Afrika

Afrika

Azija

Azija

Avstralija

Australija

Atlantski ocean

Atlanto vandenynas

Tihi ocean

Ramusis vandenynas

Indijski ocean

Indijos vandenynas

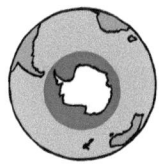

Južni ocean

Pietų vandenynas

Arktični ocean

Arkties vandenynas

Severni tečaj

Šiaurės ašigalis

Južni tečaj

Pietų ašigalis

Antarktika

Antarktida

Zemlja

Žemė

Kopno

sausuma

Morje

jūra

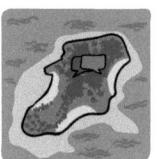

Otok

sala

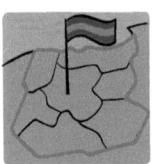

Narod

tauta

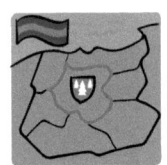

Država

valstybė

Številčnica

ciferblatas

Urni kazalec

valandinė rodyklė

Minutni kazalec

minutinė rodyklė

Sekundni kazalec

sekundinė rodyklė

Koliko je ura?

Kiek valandų?

Dan

diena

Čas

laikas

Zdaj

dabar

Digitalna ura

skaitmeninis laikrodis

Minuta

minutė

Ura

valanda

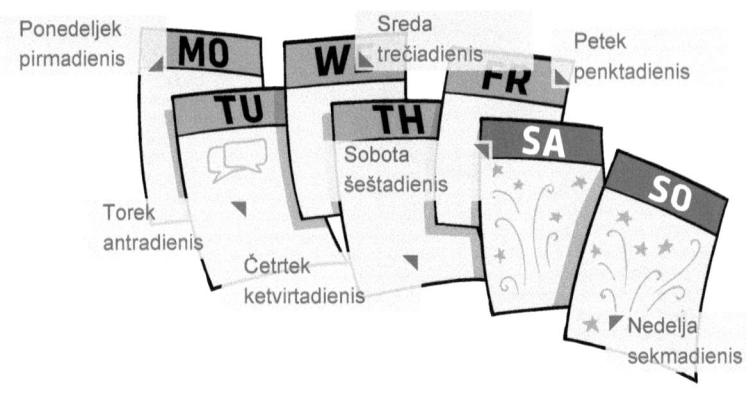

Ponedeljek
pirmadienis

Sreda
trečiadienis

Petek
penktadienis

Torek
antradienis

Sobota
šeštadienis

Četrtek
ketvirtadienis

Nedelja
sekmadienis

Včeraj

vakar

Danes

šiandien

Jutri

rytoj

Jutro

rytas

Poldne

vidurdienis

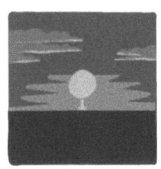

Večer

vakaras

Delovni dnevi

darbo dienos

Konec tedna

savaitgalis

Leto
metai

Dež
lietus
Mavrica
vaivorykštė
Sneg
sniegas
Veter
vėjas
Pomlad
pavasaris
Jesen
ruduo
Poletje
vasara
Zima
žiema

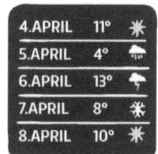

4.APRIL 11°
5.APRIL 4°
6.APRIL 13°
7.APRIL 8°
8.APRIL 10°

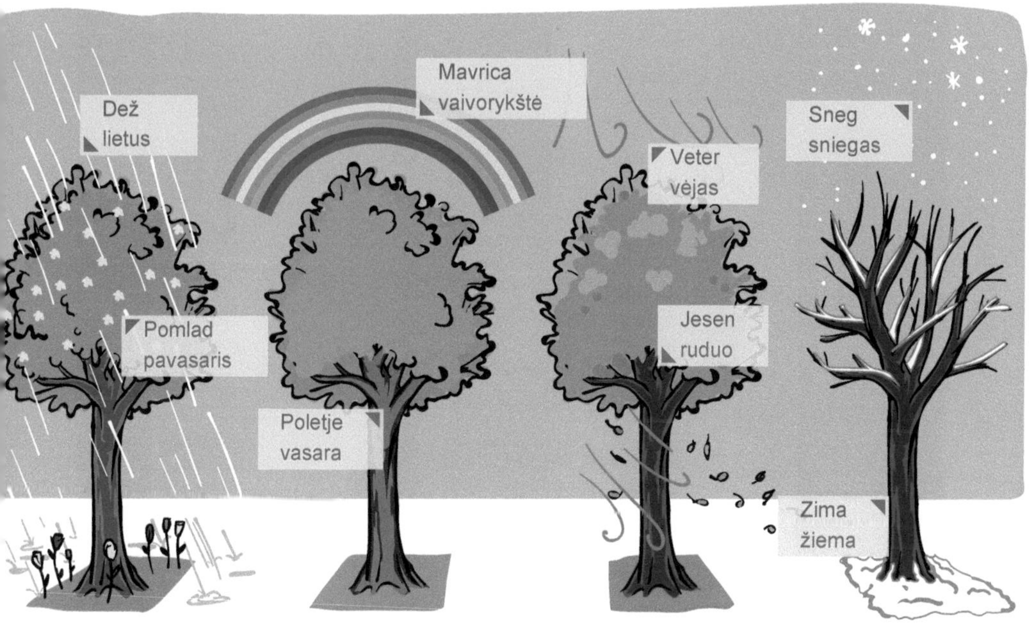

Vremenska napoved
orų prognozė

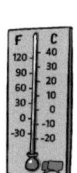

Termometer
lauko termometras

Sončna svetloba
saulės šviesa

Oblak
debesis

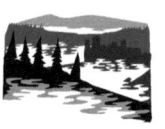

Megla
rūkas

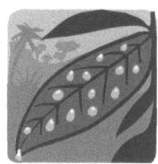

Vlažnost
drėgmė

Strela

žaibas

Grom

griaustinis

Nevihta

audra

Toča

kruša

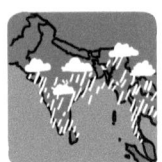

Monsun

musonas

Poplava

potvynis

Led

ledas

Januar

sausis

Februar

vasaris

Marec

kovas

April

balandis

Maj

gegužė

Junij

birželis

Julij

liepa

Avgust

rugpjūtis

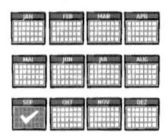

September
....
rugsėjis

Oktober
....
spalis

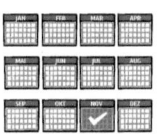

November
....
lapkritis

December
....
gruodis

Oblike
formos

Krogla
....
apskritimas

Kvadrat
....
kvadratas

Pravokotnik
....
stačiakampis

Trikotnik
....
trikampis

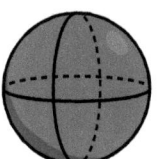

Krogla
....
sfera

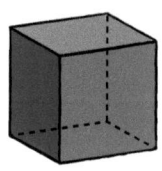

Kocka
....
kubas

Bela

balta

Rumena

geltona

Oranžna

oranžinė

Rožnata

rožinė

Rdeča

raudona

Vijolična

violetinė

Modra

mėlyna

Zelena

žalia

Rjava

ruda

Siva

pilka

Črna

juoda

veliko / malo

daug / mažai

jezno / umirjeno

piktas / ramus

lepo / grdo

gražus / bjaurus

začetek / konec

pradžia / pabaiga

veliko / majhno

didelis / mažas

svetlo / temno

šviesus / tamsus

brat / sestra

brolis / sesuo

čisto / umazano

švarus / purvinas

popolno / nepopolno

užbaigtas / neužbaigtas

dan / noč

diena / naktis

mrtvo / živo

miręs / gyvas

široko / ozko

platus / siauras

užitno / neužitno

valgomas / nevalgomas

zlobno / prijazno

piktas / malonus

vznemirjeno / zdolgočaseno

linksmas / nuobodus

debelo / vitko

storas / plonas

prvo / zadnje

pirmiausia / paskiausia

prijatelj / sovražnik

draugas / priešas

polno / prazno

pilnas / tuščias

trdo / mehko

kietas / minkštas

težko / lahko

sunkus / lengvas

lakota / žeja

alkis / troškulys

bolano / zdravo

ligotas / sveikas

nezakonito / zakonito

nelegalus / legalus

pametno / neumno

protingas / kvailas

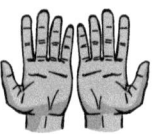

levo / desno

kairė / dešinė

blizu / daleč

arti / toli

novo / rabljeno

naujas / naudotas

nič / nekaj

niekas / kažkas

staro / mlado

senas / jaunas

vklopljeno / izklopljeno

įjungta / išjungta

odprto / zaprto

atidaryta / uždaryta

tiho / glasno

tylus / garsus

bogato / revno

turtingas / vargšas

prav / narobe

teisus / neteisus

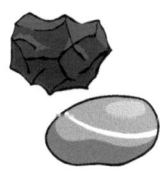

grobo / gladko

šiurkštus / švelnus

žalostno / veselo

liūdnas / laimingas

kratko / dolgo

trumpas / ilgas

počasi / hitro

lėtas / greitas

mokro / suho

drėgnas / sausas

toplo / hladno

šiltas / šaltas

vojna / mir

karas / taika

0

Ničla

nulis

1

Ena

vienas

2

Dva

du

3

Tri

trys

4

Štiri

keturi

5

Pet

penki

6

Šest

šeši

7

Sedem

septyni

8

Osem

aštuoni

9

Devet

devyni

10

Deset

dešimt

11

Enajst

vienuolika

12
Dvanajst
dvylika

13
Trinajst
trylika

14
Štirinajst
keturiolika

15
Petnajst
penkiolika

16
Šestnajst
šešiolika

17
Sedemnajst
septyniolika

18
Osemnajst
aštuoniolika

19
Devetnajst
devyniolika

20
Dvajset
dvidešimt

100
Sto
šimtas

1.000
Tisoč
tūkstantis

1.000.000
Milijon
milijonas

Angleščina

anglų

Ameriška angleščina

amerikiečių anglų

Mandarinščina

kinų (mandarinų)

Hindujščina

hindi

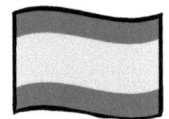

Španščina

ispanų

Francoščina

prancūzų

Arabščina

arabų

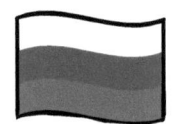

Ruščina

rusų

Portugalščina

portugalų

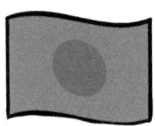

Bengalščina

bengalų

Nemščina

vokiečių

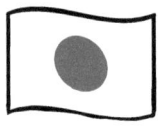

Japonščina

japonų

Jaz
aš

Ti
tu

On / ona / tisto
jis / ji

Mi
mes

Vi
jūs

Oni
jie

Kdo?
kas?

Kaj?
ką?

Kako?
kaip?

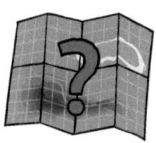

Kje?
kur?

Kdaj?
kada?

Ime
vardas

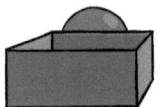

Zadaj

už

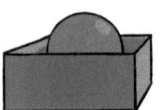

V

kur (vieta)

Pred

priešais

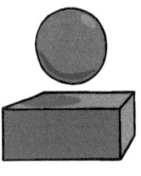

Nad

virš

Na

ant

Pod

po

Poleg

prie

Med

tarp

Kraj

vieta

.